JN439643

이화주 빚으며

류규형 시집

계간문예

이화주 빚으며

| 시인의 말 |

문학을 전공하지 않아 참 다행이다. 25년 동안 직장생활하며 배를 곯지 않고 살았으니 말이다.

퇴직 후 10년 넘게 술을 빚었다. 지금 술방에는 311번째 빚은 술이 익어가고 있다. 술로 벗들을 불러들이고 찾아다녔지만, 시의 벗들은 쉽게 다가오지 않았다.

이제 늦게나마 문학을 공부하고 있으니 마냥 즐겁기만 하다. 아직은 미숙주라 떫고 향기도 부족하지만 감히 독자들에게 내보이고 싶은 객기가 발동했다.

1부는 술 이야기, 2부는 애주가 이야기, 3부는 걸어서 국토를 종단하던 이야기, 4부는 가족 이야기, 5부는 내 삶의 편린, 6부는 사물에서 얻은 상념들을 모아 엮었다.

시 공부를 시작하며 늪에 허우적거리던 제게 시를 일깨워 주신 분들의 고마움에 보답하기 위해 그동안 빚은 술처럼 향기 넘치는 시를 쓰겠다고 다짐해 본다.

2021년 7월

酒泉 류규형

■ 차례

1부

이슬을 모아 담다

2부

가얏고 열두 줄

3부

해파랑길 위에서

4부

등 굽은 흔적

5부

네모로 사는 길

6부

그래 여기! 목련 아래

제1부

이슬을 모아 담다

자작나무가 내게로 왔다

삼월을 하루 남긴 어둑해진 밤
진부령 비탈 자작나무
하얗게 어둠 밝히며
자작자작 내게로 걸어왔다

온몸에 상처 난 푸르름 너머
하얀 두루마기가 어른거렸다

이 밤에 파란 물들이며
진부에서 따라온 달이

얇게 펼쳐놓아 꼬들꼬들해진
하얀 캔버스에
물감을 가만히 부었다

번져가는 파란 물감 따라
어린 시절 내게 왔던
초록 봄이 먼저 왔다

이슬을 모아담다

서릿발에 밀려나지 않으려는
마지막 안간힘

입동날
기어이 이슬이 내렸다

늦가을 밀어내며
청둥오리 여섯 마리 날아들었다
산속 저수지
수초가 깊게 흔들렸다

산국 몇 송이 피어 있는
저수지 가장자리에서
한 방울 한 방울 사발에
이슬을 모아 담는
허리 구부러진 주인酒人

생의 마지막 마음 담아
추로백秋露白*을 빚는다 하였다

*秋露白 : 가을철에 내리는 이슬을 받아서 빚는 술

이화주* 빚으며

입동 근처 핀 배꽃보다 까칠한 당신의 속살처럼 변덕 심한 날씨에 흩뿌리는 싸락눈 같은 쌀가루와 이 말 저 말 섞어 속살거리며 사랑을 반죽한다 삶아 낸 구멍떡 도넛처럼 비로소 동그랗게 웃는 당신 윤기 나는 얼굴로 이화누룩을 바라본다 일찍 곱게 단장한 이화누룩이 사향 냄새 풍기며 눈웃음 짓는다 물 없이 구멍떡과 이화누룩이 만나 두 달 동안 사랑을 나눌 신방 차리는 일이 만만치 않다 비위를 맞추고 살살 달래 주며 한 시간 공들여 치근덕거리는 것까지 내가 할 수 있는 마지막 작업을 거는 일이다

다음 차례는 붉은 여우 당신, 주인酒人과 자연이 들려주는 소리에 귀 기울여 재주 아홉 번 넘으면 눈 내리는 겨울밤 아랫목처럼 절절 끓는 사랑이 익을 것이다

첫 경험의 그날
호기심 찬 하이얀 얼굴

창밖에 까치소리 들리어 온다

*이화주梨花酒 : 배꽃 필 무렵 쌀누룩으로 빚는 하얀 술.
백설향白雪香이라고도 부른다.

주천酒泉

영월 주천강변
하늘이 만들어 놓은 주천이 있었다네

양반에게는 청주
천민에게는 탁주가 나왔다는 주천
사람의 욕심이
술샘을 파괴하였다네

생명 다하는 날까지
사람 냄새나고
가슴으로 울림 전해지는
향기 나는 술 빚으며

내가 술샘이 되려 한다네

벽향碧香보다 큰 만향滿響

대동강 푸른 물의 향기
벽향
술을 마신 사내가
처음 불러 준 이름이었네

하늘에
해와 달 별 조상의 공덕
땅에는 자연이 불러들인
붉은 여우
사슴의 지혜가 함께하고

높은 제단
주인酒人에 대한
깊고 높은 바람 푸르렀네

두 번째로 사내가 불러 준 이름
가슴에 울림 가득한
벽향보다 한 뼘 더 큰 만향

평소에 막걸리 좋아하시던 아버지
명절과 제사 때만 드시는
간에 기별도 없는 허기진 맑은술
다만
손톱만 한 울림이라도
전해지길 바랄 뿐이라네

백화주百花酒 백두에 오르다

이른 봄 처음 만난 친구는 산수유 그는 친구 생강나무를 소개해 주었다 백목련을 만나러 가니 자목련이 어깨를 기대 온다 참꽃을 만나고 나니 조금 후에 개꽃이 얼굴을 디밀었다 아름다움 속에 독을 가지고 있는 친구다 옥잠화와 싸리꽃도 그렇다 작은 성격 탓에 너무 많은 친구를 만난다는 두려움에 망설임도 있지만 친구가 30여 명이 넘어서자 더 많은 친구들은 누구일까 호기심이 발동하였다 여러 친구를 만나기 위해 산과 들 아버지 산소 주변을 쏘다녔다 덕분에 아버지는 가외로 술을 몇 번 드셨다 과수원을 하는 친구들이 징검다리를 놓은 매화 이화 도화 사과꽃 오얏꽃 살구꽃도 친구가 되었다 국산 씨앗을 구하지 못한 중국산 메밀 공터에 뿌렸는데 어김없이 소금꽃이 피었다 늦가을 서릿발에 초췌해진 감국甘菊과 산국山菊을 마지막으로 친구는 128명으로 늘어났다 씻기고 말리는 데 식품건조기는 덩달아 친구가 되고 식물도감 두 권도 가세하여 친구의 이름표를 일일이 달아 주었지만 여섯은 미아가 되었다

이후 꽃에 질려 애써 꽃을 외면하고 지내던 두어 해, 송쿨 호수 3000미터 푸른 초원 에델바이스 유혹에 넘어졌다 국적이 다른 외국 친구 다섯 명이 가세하여 133명의 친구들이 만세를 불렀다

양기 충만한 중양절 때부터 100일 동안 어둠 속 화음 연습하던 꽃 친구들 힘든 내색도 하지 않고 발맞추어 백두산에 올랐다 133명의 합창 소리에 놀란 백두의 크고 작은 꽃들이 뜨겁게 얼싸안아 주었다

백두에 남과 북의 백화만발하였다 천지에 향기가 스며들었다

우드 향기 날아들었다

우드 향이 초콜릿 향의
기원은 아니었을까

누이는 술에서 우드 향이 난다고 하였다
형은 초콜릿을 넣어 빚었느냐고 물었고
술맛 모르는 구순 노모는 이건
딱 내 입맛이라고 하셨다

동정호洞庭湖에서
두보와 이백이 마시던
오래된 푸른 내음이 설핏 날아왔다

물 없이
고두밥과 누룩에서 태어나는
옥빛의 동정춘洞庭春
달콤함이
우드 향이
혀끝과 코끝에 한참 머물다
제자리로 돌아갔다

자尺로 잴 수 없는
저울로도 달 수 없는 가치
한 병에 50만 원이나 하는 술

노거수 느티나무
우드 향기 내게로 날아들었다

전통 포도주*

까맣게 허기진 몸
한 알 두 알
하얀 고두밥 속으로 뛰어들었다

혈기 넘치던 푸른 시절
찬밥 훔쳐 먹으며
먹힌 자나 먹은 자나
함께 모여 살던 세상

어둡고 낯선 곳에서
하나 되려고 가슴 죄었다

허튼 늪에서 헤매기도 하고
천지를 오르내리며
서로 몸 섞어 만들어 낸 새 생명

권하고 다시 권하고
마시는 즐거움

허기진 까만 몸통으로
만들어 낸 새 세상이다

*전통 포도주 : 고두밥과 포도로 빚는다

요플레술

배꽃 피는 시절
배꽃 따라 피어나는
이화주梨花酒
젖먹이 아이 유백색 피부를 닮았다

고려 때부터
사대부집 노인의 간식으로
아이의 이유식으로 먹던 술

다섯 살 준희가
한 숟가락 시음하고
'요플레술'이라고 이름 지었다

잔 속 둥근 달
가득 차면
수저에 달을 떠서 먹는 술
달보드레한 맛

당신을 닮았다

술 익는 어느 골목

어느 골목
달을 보고 짖던 누렁이가
어둠 속으로 걸어 들어갔다

컹컹
석 달 열흘 동안 고두밥 먹다가
맑게 웃으며 걸어 나왔다

기름기 도는 살얼음 같은 비릿한 냄새

주정뱅이 남편 생각에
밀밭에서도 넘어지는 구순 할머니
무술주戊戌酒* 한 잔 홀짝이며
처녀 적 고무줄놀이하던
골목으로 들어간다

술자리서 습관처럼 왼고개 틀던
몸만 생각하는 석昔씨 아저씨
석 잔 연거푸 들이마시며
인생 골목 풀어놓는 사이

누렁이 한 마리
골목길로 걸어 나온다

*戊戌酒 : 누렁개黃狗를 삶아 찹쌀 고두밥을 넣어 빚는 보신 술

화류놀이

원미산 진달래 동산

벚꽃
꽃잎 뿌려 분홍길 열어 주고

늦된 개나리 멈칫
불 밝혀 길 넓혀 주었다

나신에 분홍빛 물들인
어린 작부
찾아온 손님
두 볼 함께 물들여
온몸으로 신음하며 누워 있다

봄날 화류놀이
두견주杜鵑酒 한 잔 올려라

허기진 입

둥근 것들은
끌어안는 힘을 가지고 있다

깊숙한 방
배부른 몸으로 줄지어 서 있는
둥근 항아리
석 달 열흘 동안 술덧 끌어안고
푸른 향
아픔으로 비워 내고
허기진 입 다시 벌리고 있다

여섯 아이 끌어안으며
둥글었던 엄마의 자궁
오그라들어
항아리처럼 둥글어진 허리
허기진 입 오므라들고 있다

제2부

가얏고 열두 줄

강술

동묘 골목 헌책방 '청계천 서점'
대학 시절 알알이 박혀 있는
스멀거리는 아픔

흐릿한 불빛
보이지 않는 작은 글씨
시집 한 권, 철 지난 시 잡지
3000원에 샀다

황지우 시집
어느 날 나는 흐린 주점에 앉아 있을 거다
뒷장에 뭔가 씌어 있다

1999. 1. 26
박봉이라도 책을 살 수 있는 여유를
십 년 뒤에도 가지고 살길 바라며…
기분 좋게 술 취한 겨울밤
아우가 드림

새끼줄처럼 늘어진
하얀 겨울밤
차마 수십 년이라 쓰지 못한
취한 후배

이른 저녁 붉게 물들인 겨울밤
천 원짜리 한 장
질끈 감아 버린 취한 선배

내 안에 둥지 튼 아픈 사연에
강술 한 잔

지금은 공부 중

해질녘
한 차례 안면 튼 사내들 술자리에
기꺼이 함께하는 모녀

소원하던 모녀 간격
국화주 한잔하며
촘촘해졌다

달포 전
모녀가 술 한 잔 진하게 하고
서로 화장실에서 잠들어 있었다고
그 세상이 천국이라고
멀었던 모녀 사이 그제야 두 마음
하나가 된다

맹물 마시며 어색한 사이

국화 향기
머리 한편 하얗게 비워

모녀의 속마음
바쁘게 실어 나른다

국선생전麴先生傳* 공부 중이다

* 麴先生傳 : 이규보 선생이 술을 의인화하여 술의 긍정적인 면을 묘사한 가전체 소설

광장시장에 비 내리면

소리는
또 하나의 소리를 불러들인다

낡은 지붕 위에
스며드는 허름한 소낙비
번철 위에 기름도 목소리 높이고
반질반질한 앞치마 두른
늙은 아낙 손길에 트로트풍 냄새가 난다

포장마차를 둘러싸고
여기저기 줄탁하며
벌어진 틈새
막걸리 들이켜는 소리가 메워 나가면
목젖 너머 감추었던 응어리
포장마차 탁자 위로 굴러 떨어진다
쓸려 내려가는 어둠
환해진 당신

지붕 위
소낙비 잠깐
아른한 소리 엎드려 듣고 있다

풍경

낮달이 졸다
골목 앞에 놓인
콘크리트 쓰레기통 뒤지며
길을 찾고 있다

하루에도 몇 번
연탄지게 헉헉거리며 돌아 오르던
골목길
고양이 한 마리
담벼락 기대 졸고 있다

평상 위에 막걸리 통 하나 놓고
막다른 하루를 들이켜는 아버지 등 뒤로
맞은편 아파트 그림자가
허리를 꺾고 평상 위로 올라서
오수를 즐긴다

아버지, 마지막 잠을 마시고

채워지지 않는 허기

어깨에 빈 지게 매달리는 새벽녘
추적추적 비가 내린다
비에 감긴
허기진 배가 매달린다

술 좋아하는
아들을 위해 어머니가 만들고

인목대비 어머니 노 씨가
제주 유배 시절
동냥한 방문주方文酒 술지게미로 만들어
연명하였다는 모주母酒

길 잃은 새벽달
허름한 문짝 열고 들어선 선술집
매달린 허기진 배
밥 대신 물처럼 채우는 술

쉬지 않고 새벽 비가 내린다

가얏고 열두 줄

송석원시사松石園詩社*가 열리던 옛터에
중구重九* 날 모여든
풍각쟁이 글쟁이 주인酒人 서예가 요리 연구가
구구求舊한 사연 국화처럼 피어났네

나무에 매단 광목천 위로
휘호가 제일 먼저 달려 나가면
흥이 오르는 진양조 장단에
주향도 춤추며 산하에 차는데
죽향 머문 대금소리 따라
흩어졌던 국향 다시 모이네

계면조 가얏고 소리에
국향 술잔에 철철 넘치고

가얏고 열두 줄
풍류가객 발목을 친친 감고 놓아주지 않았네

*松石園詩社 : 조선 정조 때 천수경이 중심이 된 문인들의 모임
*重九 : 음력 9월 9일로 중양절이라 하며 제사를 지내고,
국화주를 마시던 명절

막걸리 청탁

흔들어야 제맛인 것 모르는
퇴직한 초등학교 교장선생님
윗물만 가만히 따르며
밑에 있는 탁한 술 오염되었다고
한소리 하신다

흔들려야 할 때 함께 흔들려야
하나가 되는 것 알지 못하고
술 한 잔 함께하는 자리에서
막걸리 윗물처럼 겉돌고 있다

때마침 나오는
선덕여왕 연속극 보다가
신라 여왕이 둘이라고
우기던 그 사람

흔들리지 않는 알량함에
섞이지 못하고
하나 되지 못하였다

주위 사람 하나 둘
멀어져 가는 이유 알지 못하고
탁주인 막걸리를 청탁으로 편 가르며
자신의 탁함은 알지 못한다

천국 노래방

배롱나무 혼자
옷 벗고 떨고 서 있다

백혈병 부인 병시중으로
주부습진 걸렸다던
목소리 작은 당신까지
전직 회사 동료 다섯
노량진 수산시장에서 석탄주惜呑酒 한 잔
뒤풀이 '천국 노래방'
빵빠레 두 번에 노잣돈 2만 원 보탠 당신

두 시간 후
이대목동병원 응급실
배롱나무처럼 발가벗고 누워
틀니 빼내니 80대 노인이다

이틀 후 크리스마스 날 온다는
미국 사는 외손자
기다리지 못하고
오늘 보내왔다는 온기 있는 동영상

캄캄한 머릿속에 서둘러 주워 담았다

비인 거리 찬바람
철 지난 노랫소리 귓전을 때린다
'한 치 앞도 모두 몰라 다 안다면 재미없지'

배롱나무 위로 눈이 내리기 시작했다

정월 대보름날에

동구 밖
400살 드신 엄나무 가지에
족제비연 꼬리 걸려 있다

큰 명절 정월 대보름
하루 종일 바쁘다

눈 비비며 마시는
이명주耳明酒 한 모금
아버지 폭주에
꽁꽁 숨어 있었던 청향清香의 술
보약처럼 어머니
육 남매에게 나누어 주신다

부스럼을 예방한다는 튼튼한 부럼
어깃장 놓으며
삼복이면 콧등에 뾰루지가 났다

해뜨기 전
더위 팔러 동네 두 바퀴 뛰어다닌다

파는 데 정신 팔려 친구의 더위를 사고
철 이른 더위를 먹는다

큰 달 보며 망월놀이
쌀밥 먹게 해 달라 빌고
논두렁 태우며 설빔 나이롱 양말 태워먹는다

정월 대보름, 서울은 달도 빈 날
내 마음 텅 비어 있다

흙 묻은 멍에

처마 밑 제비집 매달린 초가
부리 노란 육 남매 사는 단칸방

한밤중 일어나 군불 지피며
헛기침 묵언으로 자식 교육
농사일에 군살 박힌 어깨
촘촘히 주름 잡힌 목

다 자란 새끼들 하나 둘 떠나고
어느새 빈 제비집
상머슴보다 모내기 벼 베기 잘하는
손끝 매운 마누라 등쌀

집 떠난 자식들 필요할 때 드나들며
갈비뼈 한 개씩 빼어 가고
더 가벼워진 아버지

늦더위 머무는 여름날 아침
마지막 말
- 니들 잘살게 해 줄껴

떠나시며
흙 묻은 멍에 다시 집어 드신다

아버지 또래 암소

일에 싫증이 나자 황소는
멍에를 걷어차고 주인을 들이받았다
아버지 오른쪽 턱
상처가 크고 깊었다
함께 살던 젊은 황소 꽁꽁 묶여
도살장으로 끌려가는 길
젊은 황소
늙은 아버지 오랫동안 함께 울었다

아버지 퇴원하는 안성 장날
우시장에서 새로 사 온 소
목주름에 자글자글 겁이 가득 찬
아버지 또래 암소였다

가을걷이가 바쁜 들녘에서
힘이 들면 주인 꼬드겨
미루나무 그늘에서 아버지와 술을 마셨다
그렇게
쉬엄쉬엄 또 함께 살았다

목소리를 낮춰요

떠돌던 가족
한자리 모인 팔월 한가위 전날
한 잔 술 높아진 웃음소리가
괜한 일로 말싸움 불러들였다

보고 듣기만 하던 네 살 담희
참견할 수 없는 자리 아는지
하룻밤 참고
한가윗날 아침
내가 제일 좋아하는
할아버지에게 큰소리 질렀다고
조용히 고모할머니를 질책한다

살아가며
조용히 있어야 할 때와
나서야 할 때를 알고
낮은 목소리가 더 강하다는 것
네 살배기에게 배운다

한림 바다 안주

제주 한림 앞바다를 안주로
술을 마신다

자리돔 안주에
덤으로 파도 소리 내온다

바닷속 헤매던
어릴 적 꿈
이미 사라지고 없는데

바다를 내려다보며
바다를 그리고 있다

술잔 위
파도의 물거품 하얗게 밀려오고
저만치 멀어져 간다

제3부

해파랑길 위에서

접선

혼자 북으로 가는 길

주된 루트는 해변 길
붉은 리본 비표
어두운 숲길은 피하고
밤 도로는 전등을 켜고 역주행하라는 지령

홀연히 나타났다가
신기루처럼 없어지고
어느 순간 다시 나타나는 붉은 리본

뒤따르며 반겨 주는 파도 소리에 취해
접선하지 못하고 방황하던 산속
대숲을 헤치고 해변 길로 나왔다

— 의심인 의심 선박이 있으면 포항 해병대에 연락 바람

황급히 들어선 어촌 마을 골목길
등을 맞대고 서 있는
북으로 가는 붉은 해파랑길 안내판과

남으로 가는 파란 해파랑길 안내판
그 앞에 나풀거리는 붉은 리본

해파랑길을 걷는다는 것은

걷는다는 것은
섬처럼 갇힌 마음
활짝 열어 보는 것이다

밤새 일렁이며 수평선 지키는
파도의 친구가 되고
파도와 노는
갈매기의 친구가 되어 보는 일이다

해변의 주인 잃은 의자에 앉아 보고
주인 없는 백사장에 앉아
연엽주 한 잔 마시며
소금기 좋아하는
갯방풍을 가까이서 바라보는 일이다

오륙도에서 고성까지 동해 1900리 길
걸어온 길 아득하고
걸어갈 길 까마득해도

차가 다니는 길 다니지 못하는 길

자전거가 가는 길 가지 못하는 길을
천천히 가보는 일이다

하루를 열흘처럼 마디게 살고
각지고 뒤틀린 마음
갈고 바로잡아
한 걸음 또 한 걸음

당신에게 가까워지는 일이다

빗장

휴전선 가까운 명파리 바다가
더 파랗게 일렁이는 이유는
하루 종일
가로막고 선 철조망에 찔려
멍이 들었기 때문이다

삼백예순 닷새
가로막고 있는 파도
녹이 슨 철조망
그들 사이 소통은 문 밖에 있다

막고 있는 것은
파도와 철조망이 아니다

오랜 침묵
오래된 벽

내 가슴에 쳐 놓은 커다란 철조망

입에 물고 있는 가시는

또
얼마나 많은 사람을
파랗게 질리게 했던가

그 빗장
벗겨 내야 하는데

작전명령 17호

밤기차를 타고 은밀하게
정동진으로 이동하는 작전명령 17호

은폐 엄폐되어 있는 세상
야간 이동 중에 취침하라는 명령
대원들 모두 잠의 샅바를 잡고
실랑이 벌이고 있다

옆자리에서
비상벨이 두 번 울린다
거친 목소리의 통화음
상대편의 목소리가 투명하다

그래도
잠을 자야 한다

잠시 후
비상시 휴대전화는 진동으로 하라는
명령이 하달되고
다음 지점을 알리는

정보가 이어진다

이론과 실제의 벽 사이
들락거리는 바람
밀고 밀리는 팽팽한 기 싸움

내일 사천진까지 38킬로미터 북진하려면
자야 한다면서
잠과의 전투대형에서 벗어난다

조건 없는 손을 든 모습에
청량리부터 첨병으로 나서던
하현달이 까르르 웃는다

오늘은 맑음

어제는 아침부터 종일 맴돌던
죽서루 까마귀 소리가
저녁나절에 바람을 끌어들여
폭우를 불렀다

밤새 비를 마신 바다는
가슴으로 바위를 끌어안고 뒹굴었다

과거를 지워 버린 망상해수욕장
이른 새벽 커다란 백지 위에
남긴 발자국 한 음절 두 음절

오늘은 맑음
까치가 읽고 날아갔다

7번 국도 최북단 터미널

두 대의 버스가
숨 고르며 쉬고 있다

종일 북으로 북으로 달려왔다
가까운 동해의 파도 소리도 들리지 않는다

한때
북으로 가는 육로 관광의 길목
사람 냄새가 풀풀 날리던
금강산 관광이 꿈처럼 지나간 길에
찬바람만 인다

살림집을 겸한 터미널 창구에
늙은 아낙이 앉아
느릿느릿 수기한 버스표를 판다

모든 길이 남쪽으로만 향하는
7번 국도 최북단 터미널
멈추어진 시간이
넓은 주차장에 가득하다

까치밥을 훔치다

하조대 오르는 왼쪽 에덴을 닮은 언덕
키 작은 감나무
입동 끝자락에 매달린 까치밥 세 개 달고
얼굴 붉히며 사내를 유혹하였네

철 지난 해변 길 걸으며
다섯 시간 동안 그래도
물 한 모금 마셨으니 괜찮다며
사내는 서슴없이
붉은 까치밥 한 개를 훔쳤네

키 큰 미루나무 위에서
내려다보는
까치 부부
까악까악 지르는 소리에
사내는 겨우
부끄러움을 알지 못하였네

떨림에 대하여

떨림은 윽박지르는 가슴을
눌러 앉히는 일이다

눌러 앉힌 가슴으로
심호흡하는 것이다

부산에서 시작하여 고성까지
해파랑길 770킬로미터를 걸어
철조망 밖 명파리 바다를 바라보고
고성 통일전망대에 올라

함흥을 지나 청진
나진까지 걸어가는 모습을
가슴 깊은 곳에 잠시
눌러 앉히는 일이다

포기한다는 것

얼굴이 조금 다른 욕심 하나
덜어내는 일은
포기하는 것이 아니다

달리는 차를 타고
5분이면 건너는 자동차 전용 울산대교
앞에서
도보 완주만 생각났다

태화강이 안고 있는
억새에 눈을 돌려
네 시간 넘게
해파랑길을 쫓아간 것은

얼굴 다른
욕심 하나 지워 내고
다른 하나를 얻은 일이다

제4부

등 굽은 흔적

밑알

초등학교 6학년 때 한동네 사는 동무 셋이 집에서 훔쳐 온 계란으로 학교 앞 구멍가게에서 번갈아 과자를 사 주었다 어깨 움츠리며 받아 든 과자 한 조각의 유혹은 차마 거절하지 못하였다

어느 여름날 점심시간 초가집 건넌방 앞 매달린 닭둥우리에 몸집 작은 매 한마리가 날아들었다 문간에서 닭둥우리 사이를 세 번 맴돌던 매는 닭둥우리에 조용히 내려앉았다 작은 망설임 뛰는 가슴을 억누르며 작은 발톱으로 조심조심 밑알을 낚아채었다

그동안 동무에게 진 빚 갚아야지 몇 날 동안 꿍꿍거리며 키워 왔던 작은 소망은 홀연히 나타난 또 다른 매 한 마리가 낚아채어 날아갔다 씨 없는 곯은 밑알, 구멍가게 주인은 껍질이 반질반질해진 밑알을 밀어냈다

학교에서 돌아오는 길 밭 매시던 엄마께 떨리는 손으로 내민 밑알 아버지에게 무조건 빌라는 어머니의 사전 훈수 고개 떨구고 아버지께 용서를 구하였다 어깨에 두 손 얹은 아버지 묵언 아버지의 속울음소리 떨렸다

그날 이후 밑알은 석잠누에처럼 부화하여 꽤 오랫동안 유년의 언저리를 날아다녔다

나팔꽃

매일 저녁 나팔꽃 씨앗만 한 환약을
스무 알씩 드시던 할아버지
해마다 안마당 화단에 나팔꽃을 심었다

늦은 저녁 식사 시간에 친척 할아버지가
뒷짐 지고 헛기침하며 찾아왔다
— 자네 손자는 1차 지망에 떨어졌다며
식사를 반도 못 드시고 환약을 챙겨 든 할아버지
담장 타고 오르는 나팔꽃 덩굴을 쓰다듬었다

숨 죽은 손자는
나팔꽃 씨앗 같은 밤을 움켜쥐고
전교 수석을 움켜쥐었다

할아버지도 뒷짐 지고
친척 할아버지 집을 찾아갔다
- 자네 손자는 몇 등 했는가
집에 돌아온 할아버지 손자의 어깨를 쓰다듬자
여름 내내 새벽을 키우던 나팔꽃
까만 씨앗 몇 알 내려놓았다

달달한 유혹

술의 유혹을 밀어내자
달달한 유혹이 대신 자리에 앉았다

커피 한 스푼에
설탕 다섯 스푼 넣어
만든 까만 설탕물
죄인처럼
하루에도 다섯 번 까만 허기를 채웠다

그게 유일한 낙이었던 걸
아픈 몸 달래는 방법이었던 걸
육 남매 까맣게 모르고
창밖 가로등 불빛
밤새 지켜보고 있던 날
어둠이 혼자라서 무섭다던 아버지
곁에서 지켜 드리지 못하였다

팔순 중반에 치매 증상 없어도
몸과 마음이 아팠던 당신
손수 목욕하고 새 옷 갈아입고

빗금 그어 놓은 저쪽으로 건너가던 날도
곁을 지켜 준 것은 까만 설탕물이었다

그날 이후
나도 하루에 두 번 어김없이
달달한 유혹에 빠져들었다

무죽 한 그릇

허기진 가마솥에 짚불 지피며
누나는 무죽을 쑨다
불린 쌀 두어 줌
어슷 썬 무 한 바가지

멍석 위에 호롱불 하나
두레반 하나
여덟 식구가 동그라미 그린다
숟가락 들지 않고 밥투정하는 아이
- 배지가 고프지 않아서 그래
아비의 야윈 목울대가 떨린다

설거지 마친 누나
뒤란 장독대에서 쫓겨난 동생에게
아버지 몰래
건네주는 찬밥 한 덩어리

빛바랜 창호지 따라 묻혀 버린
무죽 한 그릇

등 굽은 흔적

등이 굽은 것들은
모두 기억을 가지고 있다

부뚜막에 올라 고봉밥 푸고
둥그렇게 등이 휜 누룽지

딸만 다섯, 어깨 움츠리며
가끔 외손자 재롱에
누룽지 같이 구수했던 시절

뒤란 우물가 옆
등 굽은 대추나무

외할머니 따라다니던 등 굽은 지팡이
꼿꼿함에 온 신경 집중하고
댓돌 위에 앉아 불침번 서며
머뭇거리고 있는 것이다

그리고 등 굽은 것들은
끝내 어디로 간다

녀석이 왕

20년 넘게 아이 우는 소리 끊겨
들어오는 문지방 꽤 높았나 보다
첫발 디디며 '선천성 거대결장'이라며
머리에 링거 주사 꼽고
온 가족 쥐락펴락 첫 손자

수술하지 않은 액땜하는지
세 살 때까지 자다 깨서 징그럽게 울었다
경기驚氣로 쓰러져
119보다 더 빠른 출동도 시켰다

미운 다섯 살 말도 듣지 않는다
걸핏 들먹이는 최고 엄마
어버이날 고향 가며 철 이른 서열 공부시켰다
우리집 최고는 왕할머니

말도 하지 않으며 심통 부리는 녀석에게
세워 둔 '코란도'를 가리키며 물었다
— 준희야 저거 무슨 차야?
— 할아버지 바보야?

— 할아버지 모르겠는데…
— 그럼 왕할머니에게 물어봐

사회에서 왕 부럽지 않은 내가
구겨진 깡통 되어
지하실 바닥에 내던져진다

주걱 마무리 밥

엄마의 밥사발에는
언제 보아도
쌀알 하나 보이지 않는
반 사발 남짓한 주걱 마무리 밥이다

엄마는
열 나절 동안 씹으며
그 양을 늘려 드셨다

불리는 보리쌀에 엄마 몰래
두 줌의
보리쌀을 더 넣었다

오늘은 왜 밥이 많지?
중얼거리던 엄마
자식들 밥사발에 밥을 더 얹었다

영정사진

작은 체구
회색 체크무늬 헌팅캡 쓰고
당신은 더 작아졌다

마음에 품은 말
모자 속에 감추고 살았다

어느 날 속마음
하얀 웃음으로 남기고
헌팅캡 쓰고 찍어 놓은 사진

모자 쓴 영정은 안 된다고 하여 사진관에서
모자를 벗겨 가지고 왔다

당신의 자글자글한 냄새는
모자 속에 품었다 당신
더 작아진 사진만 남았다

마른 늪

아침이 늪의 한복판으로 걸어 들어간다

개연꽃 여섯 송이 피어 있는 늪의 한가운데
떨어진 꽃잎 하나 맴돌고 있다

성요셉 요양병원 209호실
아흔여섯 해 진흙탕 길
말없이 걸어오며
아들 넷 딸 둘 일구어 꽃피운 여자
손톱의 붉은 꽃물 생을 움켜쥐어 본다

허옇게 마른 늪
저승꽃 피워 올리고 있다

동상

겨울이면 빨갛게 부어오른
아버지의 발
콩자루 속에 들어 있다

저 얼음 박힌 발로 서서
육 남매 바르게 서도록 가르쳤다

망종芒種

오랜 가뭄에
목이 부러진 보리
망종 날 비는 오지 않았다

안성평야 탯줄 금광저수지
가진 것 다 내어주고
허연 자궁 드러내 보이고 있다

풋보리 바심하며
보릿고개 넘으며
밭 한귀퉁이 베고 죽겠다고
다짐하고 또 했지만
자식 여섯 키우며 말라 버린 자궁

모깃불 보리까락처럼
매캐하게 타들어 가고 있다

누이 생각

노란 꽃 피고 지고
푸른 이파리 뒤에 숨은
애호박 네 개
덩굴손으로 꼭 잡아 주었지요

모내기 나가신 엄마
젖 먹이러 가는 길
젖먹이 동생 업고
외나무다리 건너다
냇가에 빠져 허우적거리며
건져 올린 어린 생명

별스런 외톨이 동생
새벽으로 품어 주며
몸도 마음도 둥글게
맷돌호박이 되었습니다

태안 사구砂丘

바람에 날리고
파도에 떠밀려
태안 바다 곁에 앉았다

밤새 철석이는 파도 소리 외로워
달맞이꽃도 품고
해당화도 품고
빗장 열어 비수리도 품었다

야윈 가슴
까칠한 셋째 아들 품고

무디어진 호미 끝
줄줄이 달린 여섯 남매
치마끈 조여 매며
살아오신 어머니

핑크빛 사연

핑크색을 좋아하는 연서
선뜻 다가오지 않는다
아빠 엄마 그늘에서
그저 바라만 보고 있다

두 아들에 손자만 둘
그 틈새 비집고
가족이 된 연서

어쩌다가 볼비빔 한번 해 주지만
한 발 다가가면 두 발 멀어져 가고
두 발 멀어지면 한 발 다가선다

온 마음 담아
핑크빛 사연 위 눈웃음 붙여 보내도
보지 않고 꿈쩍하지 않는다

만날
애간장 녹이고 있다

자신의 뿔

사람들은 가슴 깊숙한 곳에
뿔 한 쌍씩 숨기며 산다

그건 자신을 견디는 힘
보일 듯 말 듯 깊이 숨기고 있어야 한다
다른 사람에게 받히기 전에
허투루 내두르지 말 일이다

키 작은 아버지가 그러했다

첫째는 어둠 속에서 쥐뿔 됨을 경계하고
둘째는 구차하게 개뿔이 되지 말 것이며
셋째는 동쪽 서쪽 중뿔나게 나서지 말라 했다

팔십 평생
뿔 한 번 내어 보이지 않던
키 작은 당신
친구처럼 의지하던 황소 뿔에 받혀
이승의 경계를 넘나들었던 기억이 있다

제5부

네모로 사는 길

꽃잎

술이 거나해진 고향 친구
사월 봄날
떨어진 오얏 꽃잎 하나 주워 들고
급하게 명왕성으로 떠났네

오얏꽃 좋아하던
동래 정씨 친구
전주 이씨 명정 덮고 누워 있었네
화장을 한 이씨 성 가진 사람
필시 바뀐 이름표 달고 갔겠네

혼자 사는 오빠 생각하며
여동생 다섯이 번갈아 짝으로 사 오는 소주
집 앞 오얏나무 아래 평상에
무상 주막 차려
위아래 열 살 술친구 되었네

닷새 전
빈 소주병으로 바꾸어 온 막걸리
다 마시지 못하고

평상 위에 남겨 둔 다섯 병
양지바른 음택으로 가지고 왔네

태양계 행성에서 퇴출된 명왕성
맨 끝자리 올린 명부冥府
왕족처럼 떵떵거리며 살라고
오얏 꽃잎 하나 띄워
막걸리 한 잔 철철 넘치게 따라 주었네

두 개의 문

오래된 냉장고
문은 굳게 닫혀 있다

풋풋했던 시절 지났어도
냉동실 가득 찬 얼음 조각
몸을 맞대고
서걱거리는 체온 나누며
침묵하고 있다

서로 먼저 열지 못하는 문
문을 열면 소통하며
봄눈처럼 녹아내리는데
냉동실 감춰진 까만 비닐봉지 같은
서늘한 가슴

딱딱하게 얼어 있는
얼음 조각 앞에서
내 마음의 문은 열리지 않는다

두 개의 문
서로 먼저 열리기 기다리고 있다

네모로 사는 길

어둠 깊숙이
갇혀 있는 네모

둥글둥글
돌아갈 줄 모르고
이건 아니지
저것도 아니야

이리저리 부딪치는
모서리
빗금 쳐 놓은 횡단보도
틈 없는 틀 안에 갇혀 사네

사각의 상자 속에 갇혀
새로운 나를 꿈꾸는 수박처럼
생의 모서리 만들어 보려다
잃어버린 둥그런 나

오늘도
네모의 틀
모서리 깎으려고
헤매다 돌아서 있네

못 자국

얼굴 붉히며 집 나간 여자는
밤새 돌아오지 않았고
사내가 밤새 뒤척인 흔적
단칸방 여기저기 남아 있다

작은 못 하나
박지 못하고 살던 사내였다
아침 출근길에 대못을 주워 들자
문설주가 창백해졌다
정두釘頭에 몇 번 경련이 일었다

사내가 출근하고 돌아온 여자
사내의 깊게 박힌 오기
안간힘 주어 빼내었다

그날 이후 여자는
쉽게 집을 나가지 않았다 대신
벽의 모든 면에 못을 촘촘히 박고
수시로 사내를 찔러 댔다

사내가 가진 못은
녹이 슬고
휘어지고
뭉뚝해지기 시작했다

나비부채

나주 남평*이 친정이라는 여자
단옷날 저녁나절 내게로 날아왔다

동양화를 전공했다는 여자
나비부채에
내가 지은 '백화주 백두에 오르다' 시구를 쓰고
연꽃 향을 피워 올렸다

얇은 대나무 살에 얼굴 비비며
팽팽한 긴장과 느슨함
밀고 당기며 사는 여자
태양의 그림자 불러들여
가끔씩 토라져 돌아서서
한 줌 바람을 몰고 온다

*남평 : 조선시대 부채의 명산지. 특산품으로 부채를 진상했다

엄나무

여윈 엄나무 그림자 냉기에
흔들리는 해질녘
노환에도 꼬장꼬장하던
엄 노인이 쓰러졌다

손자 셋을 앉혀 놓은 노인
큰 나무가 되라는
마지막 말을 남겼다 한다

크고 작은 마을의 송사를 가려 주던
큰 나무
마을이 왁자지껄해졌다
당장 아랫마을 문 서방네 송사
어찌하냐며 동네 아낙들 동동거리고 있다

텅 빈 까치집 세 채 안고
겨우내 뒤척이던 엄나무
가쁜 숨 몰아쉬며
쥐고 있던 우듬지 하나 내려놓았다

안흥진에서

천년 고찰 칠장사 지키고 있는
칠장산
한 줄기는 태안반도로
또 하나는 김포 문수산
다른 하나는 백두대간 속리산까지 달려간다

천안 예산 서산을 거쳐
태안반도 안흥진에 이르는 금북정맥
숨 가쁘게 달려온 산줄기
가쁜 숨 몰아쉬며
뜨거워진 몸뚱이 풍덩
바다로 뛰어들었다

안성 진천 평택 보령 청양 예산 홍성 태안
지나며 중부와 남부를 갈라놓았다
안성천과 삽교천을 낳아
주위에 너른 평야도 부려 놓아
평화롭던 고을들

칠장산 아래 마을에서 태어난 어머니
백 세 인생 마치며
이제
그 바다를 건너가려 하고 있다

금북정맥 완주한 나는
그 바다를 바라보고 있다

닭싸움

애초 터럭만큼 쌓인 무엇 없는데
수탉 두 마리
구경꾼 둘러싸인 너른 마당
서로 노려보며 싸움 구실 찾고 있다

보이지 않는 꼬투리 찾아
진저리나는 싸움질 일삼는
정치하는 사람들
왜 노려보냐고
시도 때도 없이
싸움질하고 있다

자신의 영역 안에서
서슬 퍼런 위계질서
싸움질하지 않고 평화로운 세상

사람들 끼어들면 싸움판 된다
알량한 자존심
비워 내지 못하고

자신이 살기 위하여
명분도 없는 호기 부린다

까닭 없는 싸움질 죽자 살자 한다

윗돌파지上石破 마을

칠장사 고개 너머 윗돌파지 마을 딸만 다섯 두신 외할머니 사시던 곳 병해대사 가르침 따라 임꺽정 패거리 힘찬 기합 소리 넘나들던 고갯길 도적들 얼씬도 못 하던 곳

뒷마을 새재鳥嶺 아랫마을 아랫돌파지下石破 삼동네 삼흥리三興里 산이 깊고 돌이 많아 돌파지 그 땅을 일궈 돌무더기 뒤섞인 샂갓만 한 논과 밭 가난하지만 정직한 마을 꺽정이 정신 이어받은 곳

어릴 적 방학이면 누이동생 손잡고 30리 길 종종걸음 걸어서 가던 곳 나를 주워왔다고 놀려 대던 철길 아래에서 한 번 쉬고 안성평야 젖줄 20리 금광저수지 바라보며 500년 살아온 느티나무 아래서 또 쉬어 간다

금북정맥이 깊이 토해 내어 새끼줄처럼 길게 늘어져 흐르는 개울 두 개는 바지 걷어 올린 채 건너가고 여섯 개는 징검다리 뛰어 넘어가는 여름이면 쓰르라미 시원한 동네 골프장 들어서며 가재 다슬기 잡아먹고 임꺽정 무대 막을 내렸다 주인 잃은 집 대들보 무너져 이장 집 채마밭이 된 외할머니 집터 젊은이 모두 떠난 윗돌파지 마을 느티나무가 오랜만에 찾아온 내게 꼬옥 품고 있던, 숭숭 구멍 뚫린 그늘 한 잎 내어 준다

감에게 고함

너 알고 있니

외진 보은 땅
숨죽이며 살아온 250년 세월
천연기념물*이 된 고욤나무를

우리 종족의 밑동 자르고
칼을 앞세워
뾰족한 가지 밀고 들어와
결박당한 우리는 꼼짝하지 못했다

조상이 모두 도륙당하는 험한 세상
하얀 젖 물리며
한 몸 되려고 밤새우던 날들

분신으로 얻은 네 몸뚱이
본분을 알지 못하고
너는 탐욕의 열매에만
목을 매었다

* 용곡리 천연기념물 제518호로 지정된 수령 250년의 고욤나무

신분 상승

철도 없는 맹장이란 녀석
때도 모르고
삼복 더위에 속을 태웠다

함께 살며
때로 필요하고
필요하지 않다는 녀석
미더덕처럼 통통하게 살쪄
끝내 불어 터져
내 몸이길 거부했다

아들 두 녀석에 떠밀려
8인실에서 2인실로 옮겨진 병실
옆자리에 환자가 없으니 독방이다
너스들 밥도 사 주고
경비원 커피도 사 주며 신분 세탁했다

혼자만의 시간과 공간
이제 익숙해져야 하는 나이
혼자 한 일주일 신분 상승 한껏 되어

내려갈 길 아찔하기만 하였다

신분 상승 후유증은 심각했다
염증이 재발되어
8인실 제자리에 입원하였다

소원

J가 급성폐렴으로 급히 떠나갔다 영정 사진 표정이 자못 진지하다 무슨 말을 듣고 싶은 듯했다

초등학교 6학년 한동네 사는 친구 네 명이 학교에서 집으로 돌아오는 봄날 야산도 없는 밭들 마을 가는 길목은 흔한 진달래꽃 대신 꽃다지와 냉이꽃만 지천이다 된섬 마을을 지나 논두길을 지나는데 천수답에 파란 봄물이 그득하였다 Y가 봄볕에 취하여 허튼소리를 했다 누구든 책보를 논에 던지면 해 달라는 걸 다 해주겠다고 말이 끝나기 무섭게 C가 재빠르게 어깨에 메고 있는 책보를 벗어 논 가운데로 던졌다 책들이 포물선을 그리며 흩어졌다 놀란 Y가 옷을 입은 채로 논 가운데로 뛰어 들어가 책을 건져 왔다 넷은 논둑에 앉아 책을 펼쳐서 말렸다 서로 아무 말도 없었다 봄볕이 책을 여기 저기 핥으며 지나갔다 C는 소원을 말하지도 않았고 Y는 어떤 작은 소원도 들어주지 않았다

언제부터 Y의 기억이 희미하게 바뀌어 J가 그 사건의 당사자라 생각하였다 Y의 잘못된 기억은 죽은 J에게 누명을 씌워 보낼 판이었다 옆자리에 있는 C가 기억을 끄집어내 Y가 그랬다고 하였다 M의 목격자 진술까지 곁들여져 J는 가까스로

누명을 벗었다

C가 50년 만에 소원을 말했다
J의 빈자리를 함께 메우자며 손을 내밀었다

전차를 타다

초등학교 6학년 수학여행
서울 구경

집안 주장 강하던 엄마
수학여행은 구경이라며
끝내 보내 주지 않았다

손자 녀석 둘 데리고
서울 역사박물관 앞 죽어 있는
전차를 처음 타 본다

살아 있는 전차 타 보지 못하고
그 말을 하지 않았다

죽은 전차 앞에 서 있으니
중학교 때 경주로 수학여행 떠나던
관광버스가 내게로 달려왔다

서울 구경 경주 구경 대신
대학 구경 시켜주었다

제6부

그래 여기! 목련 아래

오월 장미

5월, 광주
굵은 가시 완전무장하고
떨어진 꽃잎
내려다보고 있다

한 해 또 한 해
어김없이 봄은 왔어도
떨어진 붉은 꽃잎
조용하다

때 이른 뙤약볕 아래
가슴 붉게 물들인
오월

화장을 지우며

유행성 독감처럼 강렬했던 폭염
덥석 한 움큼 덜어 내고
느슨해진 햇살 사이
찬비 내린다

연초록 봄부터 공들여 치장한 팔색조 화장
진한 마스카라 지우고
붉은 입술 지워 내고
하나 둘 옷을 벗으며
맨살로 돌아서서
부끄러운 줄 모르고
여기저기 키득거리는 소리

지난봄 기억
초경의 아픔까지 토해 내며
커다란 캔버스에 새로운 꿈 그리고 있다

춘정春情

버얼건 대낫의 꼭대기
춘분 이틀 전

바지랑대 위에 선
산수유 꽃망울
바람에 기대어
가슴 풀어헤치며
위태위태하다

아파트 울타리
기대어 선 쥐똥나무
새초롬 연두의 눈빛

차마 빤히 볼 수 없어
한 발 비켜
안 본 듯 뒤돌아보고 있다

너를 본다

너를 보러 그곳에 간다
그곳에서 이란성쌍둥이
너와 너를 본다

무리 지어 사는 곳도 가 보고
이야기를 들은 것도 몇 번
아직 너와 너를 제대로 알지 못하고 산다

빼곡히 들어와 앉은 가을 하늘공원
산등성이 가까스로 기어올라
작은 바람에도
하늘거리는 허리 긴 억새

멧비둘기 날아드는 난지연못
발목까지 물에 담그고
촉촉한 눈으로 유혹하는 갈대

돌아오는 전철 안
바람보다 먼저 흔들리는
너를 보았다

종이컵 그 빈자리

더 비우고 거두어 내야
여유 있는 자리 생긴다는 것
너는 알면서 알지 못하고 산다

채우고 채워도 채워지지 않는 허기
커 보이는 빈 곳
이곳저곳 두리번거리며 산다

지나치면 넘치는 걸
내 손이 데인다는 걸 모르고 산다

어느 봄날
내 안에 부엽토 가득 채우고
씨앗 하나 떨어뜨려 준 거친 손
부풀어 오르는 아랫배 감싸 안고
한 달 뒤 뱉어 낸 집착 덩어리

텅 비인 고요

당신의 빈자리

그래 여기! 목련 아래

남편 떠난 후
개봉역 근처
그래 여기! 잎 다 진 목련나무 아래

팔순 할머니 호떡 속에
명문 여고 자존심이 들어 있어
따뜻한 온기가 언 손을 녹여 준다

12월 하늘에
호떡보다 큰 보름달 뜨면
앙상한 가로수 가지 사이로
스산한 세월이 어른거리고

목련꽃 지던 기억으로 첫눈 내리는
오늘 밤
그래 여기! 목련 아래

저만치 웃으며 다가오는
초록의 베르테르

찬비

찬비가 제 그림자 보고
놀라 소리쳤다
이제 세상이 바뀌었다고

여기저기
팔뚝에 색동 완장 두른
붉은 세상 왔다며
베짱이 내각 세워 찬 별 총총 불러내어

매미 군대 장맛비 남서풍 몰아내고
지독했던 삼복의 태양도 쫓아내고
봄부터 쌓인
얼룩진 푸른 세상
적폐 청산 이리저리 분주하다

추상같은 호령에도
허수아비 허허롭고
높아진 달빛
냇물 따라 여유롭게 걸어가고

뒷짐 진
나목의 세상
차갑게 지켜보고 서 있다

중지

중지中指는 가로막혀 있다

한쪽만 바라보는 흐린 눈빛
반쯤 막은 귀

희미하다고
들리지 않는다고
검지는 상대를 가리키고

촛불을 들고
태극기를 들고
서로 저쪽을 윽박지른다

애지 공주
백마 타고 온 엄지 왕도
중지衆智를 모으지 못하고
이쪽과 저쪽 편 가르기 하고 있다

굵지만 작은 엄지 세워 주고
성질 급한 검지 다스리고

약지와 애지 껴안으며
가운데 손가락
큰 모습 드러내지 않고
중지 모으고 있다

삼인 삼색

말기 대장암 수술한
이순耳順의 이 씨
뱃가죽에 커다란 산맥 하나 만들고
열여덟 번 항암 치료에도 씩씩하다
금식 팻말 붙어 있는 환자에게
선불 주면 밥 준다고 놀려 대며
3주 후 항암 치료 받으러 온다고
훈련병처럼 씩씩하게 퇴원한다

말기 폐암으로 첫 번째 항암 치료 받는
종심從心의 김 씨
밥맛 없다고
투정부리고
잠잘 때 높낮이 없는 코 고는 소리
깨어 있을 때 높낮이 있고
중얼거림 섞인 앓는 소리 내고 있다

말기 췌장암으로 항암 치료 받지 않는
망구望九의 박 씨
병실에서 사흘 만에

호스피스 병동으로 옮겼다
이사했으니 집들이하라는 말에
어린아이처럼 웃었다

세상 살아온 길 따라
투병하는 모습 따라간다

틈

한 번도 움직이지 않던 바위
끄응 기지개를 켰다
단단한 모습에
조그만 틈이 생겼다

호기심 많은 솔씨 하나
작은 틈에 파고들었다

불러 주는 이름 따로 없어
아무도 품지 못하고
언제나 혼자이던 너
여리게 싹튼 소나무 품고

긴장한 틈새를 벌려
소나무가 뻗는 거친 발에게
가슴 한편 내어주며
틈이 있어야 누군가 찾아오고
소통할 수 있다는 것을 알았다

이제 혼자가 아니라
함께 사는 방법을 배우는 중이다

엘리베이터

쉬지 않고
오르고 내리는
고된 일과
날마다 마음 활짝 열고 산다

넘치는 욕심 조금 덜어 내고
가진 것 다 비워 내고
활짝 웃는다

그러고 나니
약한 사람
힘이 센 사람
마음씨 고운 사람
심술 가득한 사람
부유한 사람
가난한 사람
어깨 활짝 펴고
모두 내 품으로 들어온다

표정 없는 택배 상자도
고개 빳빳이 들고 내게 안겨 왔다

봄비

여자는 핏덩이를 윗목에 밀쳐 놓았다
아이는 울지도
젖을 물지도 않았다

목련의 주먹이 봄을 움켜쥐고 왔다
쥐똥나무 샛눈 뜨고
두 귀 쫑긋 열어 두었다

아이는 응앙 울음을 터뜨렸다
사흘 만이다
양수 위를 떠다니던 세상이
봄비로 쏟아졌던 것이다

해설

|해설|

술과 음식에 대한 다양한 상상력

— 류규형 시집 《이화주 빚으며》

이승하

(시인·중앙대 교수)

여기에 술을 빚는 시인이 있다. 보험회사에서 25년을 재직하고 정년퇴직했다면 골프를 치거나 등산을 하는 것이 대다수 사람이 갖게 되는 취미인데 류규형 씨는 학생이 되었다. 막걸리 학교 허시명 교장 선생님과 한국전통주연구소 박록담 소장의 문하에서 열심히 술 빚는 법을 배워 화천군 농업인대학 전통주 강사와 경기대 평생교육원 전통주 강사가 되었다. 이후 그는 400쪽에 달하는 《우리 쌀로 빚는 전통주 이야기》라는 책을 펴냈다. 류 박사의 탐구열은 여기서 멈추지 않는다. 중앙대 예술대학원 문예창작전문가과정에서 시작법과 소설작법을 배운다. 2018년《계간문예》를 통해 시로 등단한 이후 올해 2021년 마침내 첫 시집을 상재하기에 이른다. 제1부 12편의 시가 왜 어떻게 술에 관련된 것들인지 설명하느라 서두가 너무 길었다.

'술'하면 생각나는 시인이 있으니 중국 당나라의 이백·두보·이하요, 고려조의 이규보와 임춘, 그리고 한국 현대시사를 빛낸 변영로와 천상병을 들 수 있을 것이다. 이들이 쓴 작품 몇 편을 예로 들고 해설을 몇 줄씩 덧보태도 해설의 분량은 차고 넘칠 것이다. 곧바로 류규형 시인의 시를 읽도록 하자.

> 입동 근처 핀 배꽃보다 까칠한 당신의 속살처럼 변덕 심한 날씨에 흩뿌리는 싸락눈 같은 쌀가루와 이 말 저 말 섞어 속살거리며 사랑을 반죽한다 삶아 낸 구멍떡 도넛처럼 비로소 동그랗게 웃는 당신 윤기 나는 얼굴로 이화누룩을 바라본다 일찍 곱게 단장한 이화누룩이 사향 냄새 풍기며 눈웃음 짓는다 물 없이 구멍떡과 이화누룩이 만나 두 달 동안 사랑을 나눌 신방 차리는 일이 만만치 않다 비위를 맞추고 살살 달래 주며 한 시간 공들여 치근덕거리는 것까지 내가 할 수 있는 마지막 작업을 거는 일이다
>
> 다음 차례는 붉은 여우 당신, 주인酒人과 자연이 들려주는 소리에 귀 기울여 재주 아홉 번 넘으면 눈 내리는 겨울밤 아랫목처럼 절절 끓는 사랑이 익을 것이다

첫 경험의 그날
호기심 찬 하이얀 얼굴

창밖에 까치소리 들리어 온다

— 〈이화주 빚으며〉 전문

시 각주에 나와 있듯이 이화주는 배꽃 필 무렵 쌀누룩으로 빚는 하얀 술로, 백설향白雪香이라고도 부른다. 봄날의 정취가 듬뿍 느껴지는 어느 밤에 화자는 술을 빚는다. 그런데 그 전개 과정이 에로틱하다. 첫날밤의 합방을 위해 신방을 차리고, "비위를 맞추고 살살 달래 주며 한 시간 공들여 치근덕거리는 것"이 술을 빚는 과정이라고 한다. 그만큼 정성을 기울어야 좋은 술이 빚어지는 것이다. 술을 빚는 데는 좋은 재료와 함께 '첫 경험의 그날'에 대한 갈망, 설렘 같은 것이 필요함을 말해 주는 시다.

까맣게 허기진 몸
한 알 두 알
하얀 고두밥 속으로 뛰어들었다

혈기 넘치던 푸른 시절
찬밥 훔쳐 먹으며
먹힌 자나 먹은 자나

함께 모여 살던 세상

어둡고 낯선 곳에서
하나 되려고 가슴 죄었다

허튼 늪에서 헤매기도 하고
천지를 오르내리며
서로 몸 섞어 만들어 낸 새 생명

권하고 다시 권하고
마시는 즐거움

허기진 까만 몸통으로
만들어 낸 새 세상이다

—〈전통 포도주〉 전문

수입산 포도주 제조법과 전통 포도주 제조법이 다름을 알려주기 위한 시가 아닌가 한다. 고두밥과 포도로 만드는 전통 포도주는 맛이 깊다. 서양의 와인과 달리 전통 포도주는 포도 한 알 한 알이 하얀 고두밥 속에서 익는다. 이 시에서도 제4연에 이르면 "허튼 늪에서 헤매기도 하고/ 천지를 오르내리며/ 서로 몸 섞어 만들어 낸 새 생명"이라고 한다. 사람의 생명을 빚는 것만큼이나 거룩한 행위가 바로 술을 빚는 행위인 것이다. 술은 "생의 마지막 마음 담아/ 추로백秋露白을 빚는다"고 하는데,

추로백이란 가을철에 나뭇잎에 내리는 이슬을 받아서 빚는 술이다. 얼마나 청량하고 상큼하랴. 그 양은 얼마 되지 않겠지만 천상의 술이 이런 술이 아닐까. 다음 시에서는 술샘이 파괴되자 스스로 술샘이 되고자 한다. 술은 재료도 중요하지만 물이 어쩌면 더 중요하다.

영월 주천강변
하늘이 만들어 놓은 주천이 있었다네

양반에게는 청주
천민에게는 탁주가 나왔다는 주천
사람의 욕심이
술샘을 파괴하였다네

생명 다하는 날까지
사람 냄새 나고
가슴으로 울림 전해지는
향기 나는 술 빚으며

내가 술샘이 되려 한다네

—〈주천酒泉〉 전문

비록 술샘은 파괴되고 말았지만 “생명 다하는 날까지/ 사람 냄새 나”는 술, “가슴으로 울림 전해지는 향기 나는 술 빚으며”

스스로 술샘이 되겠다고 한다. 앞에서 한 번 나왔던 이화주의 실체를 그려 보여준다.

고려 때부터
사대부집 노인의 간식으로
아이의 이유식으로 먹던 술

다섯 살 준희가
한 숟가락 시음하고
'요플레술'이라고 이름 지었다

잔 속 둥근 달
가득 차면
수저에 달을 떠서 먹는 술
달보드레한 맛

—〈요플레술〉 부분

이화주는 맑은 액체가 아니라 요플레처럼 숟가락으로 떠먹는 술이라고 하니 더욱 흥미가 간다. 색깔은 젖먹이 아이 유백색 피부를 닮았다고 하고 맛은 '달보드레하다'고 하니 군침이 목구멍을 타고 넘어간다. 시인은 봄날에 원미산 진달래 동산에 가서 '화류놀이'를 하기도 한다. 예전에는 화전놀이라고 하여 꽃을 전 부쳐 먹기도 했다는데, 지금은 그 풍습이 거의 사라지고 없다. 시인은 달밤에 다만 두견주를 마시고 싶어 한다.

또한 어린 날, 어머니가 밀주를 담글 때의 풍경을 떠올리기도 한다. 당신의 몸을 항아리에 비유해 석 달 열흘 동안 회임한 상태로 있던 임산부 어머니를 다음과 같이 묘사하기도 한다. 생명을 빚는 행위의 엄숙함이 잘 나타나 있는 시다.

둥근 것들은
끌어안는 힘을 가지고 있다

깊숙한 방
배부른 몸으로 줄지어 서 있는
둥근 항아리
석 달 열흘 동안 술덧 끌어안고
푸른 향
아픔으로 비워 내고
허기진 입 다시 벌리고 있다

여섯 아이 끌어안으며
둥글었던 엄마의 자궁
오그라들어
항아리처럼 둥글어진 허리
허기진 입 오므라들고 있다

—〈허기진 입〉 전문

산모가 석 달 열흘 임신해 있다가 새 생명을 출산하듯이 항아리들도 둥근 것들이 석 달 열흘 동안 술덧 끌어안고 푸른 향을 아픔으로 비워 내고, 허기진 입을 다시 벌리고 있다. 누렁개를 삶아 찹쌀 고두밥을 넣어 빚은 술은 보신용이지만 죽은 개를 생각하니 마음이 아프다(〈술 익는 어느 골목〉). 이번 시집에서 사진을 한 장 곁들인 시가 있다. 133가지 꽃으로 빚은 술을 한 병 들고 백두산에 올랐으니 자신을 어찌 안 찍을 수 있었겠으며 같이 탐승한 친구들이 어찌 기뻐하지 않았으랴.

> 양기 충만한 중양절 때부터 100일 동안 어둠 속 화음 연습하던 꽃 친구들 힘든 내색도 하지 않고 발맞추어 백두산에 올랐다 133명의 합창 소리에 놀란 백두의 크고 작은 꽃들이 뜨겁게 얼싸안아 주었다
>
> 백두에 남과 북의 백화만발하였다 천지에 향기가 스며들었다
>
> —〈백화주百花酒 백두에 오르다〉 부분

온갖 꽃을 다 따와서 빚은 술이라 이 술 한 병 안에는 남한의 온갖 지역이 담겨 있는 의미 깊은 술이다. 그래서 백두산과 천지에 술을 뿌리니 "백두에 남과 북의 백화"가 만발한 것이며 "천지에 향기가 스며든" 것이다.

제2부에서도 술 이야기가 종종 나오는데 이번에는 술 빚는 과정이 아니라 취객들의 이야기다. "이른 저녁 붉게 물들인 겨울

밤/ 천 원짜리 한 장/ 질끈 감아 버린 취한 선배// 내 안에 둥지 튼 아픈 사연에/ 강술 한 잔"(〈강술〉)은 두 취객의 교감이 독자의 가슴을 따뜻하게 한다. 화자의 후배는 황지우의 시집 《어느 날 나는 흐린 주점에 앉아 있을 거다》를 사서 "1999. 1. 26/ 박봉이라도 책을 살 수 있는 여유를 십 년 뒤에도 가지고 살길 바라며…/ 기분 좋게 술 취한 겨울 밤/ 아우가 드림"이라고 써 선물하는데, 이 사연이 예언이 되었는지 류규형 선배는 19년 뒤에 시인이 된다. 술이란 것은 적당히 마시면 삶의 윤활유요 생의 청량제이다.

포장마차를 둘러싸고
여기저기 줄탁하며
벌어진 틈새
막걸리 들이키는 소리가 메워 나가면
목젖 너머 감추었던 응어리
포장마차 탁자 위로 굴러떨어진다
쓸려 내려가는 어둠
환해진 당신

—〈광장시장에 비 내리면〉 제3연

평상 위에 막걸리 통 하나 놓고
막다른 하루를 들이켜는 아버지 등 뒤로
맞은편 아파트 그림자가

허리를 꺾고 평상 위로 올라서
오수를 즐긴다

— 〈풍경〉 제3연

술을 좋아하는 사람들은 유독 비 내리는 날에는 술을 더 찾는다. 같은 물이어서 그런지 후줄근히 젖고 싶어서 그런지 서민의 즐거움이란 것이 별게 아니다. 혼자 마시든 벗끼리 삼삼오오 모여 마시든, 집에서 마시든 밖에서 마시든 적당히 마시고 적당히 즐기는 것이 행복이 아닌가.(지금이 코로나 시대라서 그런지 이런 소소한 행복이 더욱 값지게 여겨진다.)

달포 전
모녀가 술 한 잔 진하게 하고
서로 화장실에서 잠들어 있었다고
그 세상이 천국이라고
멀었던 모녀 사이 그제야 두 마음
하나가 된다

— 〈지금은 공부 중〉 제3연

술이란 것이 사랑의 묘약이 되기도 하고 화해의 매신저가 되기도 한다. 모녀가 아주 소원했는데 술의 힘을 빌려 일심동체가 되는 경험을 한다. 사실 두 사람은 10개월 동안 이심동체였다.

어머니가 정월 대보름 때 이명주耳明酒 한 모금씩을 육 남매에게 주는데, 술고래인 아버지 몰래 주는 장면도 재미있다(〈정월 대보름날에〉). 막걸리를 윗부분만 마시는 퇴직한 초등학교 교장선생님을 은근히 비꼬기도 한다(〈막걸리 청탁〉).

시인은 역사 속의 술도 찾아본다. 어느 날에는 "인목대비 어머니 노 씨가/ 제주 유배 시절/ 동냥한 방문주方文酒술지게미로 만들어/ 연명하였다는 모주母酒"(〈채워지지 않는 허기〉)를 생각해 본다. 송석원시사松石園詩社가 열리던 옛터에 가서 "계면조 가얏고 소리에/ 국향 술잔에 철철 넘치네// 가얏고 열두 줄/ 풍류가객 발목을 친친 감고 놓아주지 않았네"(〈가얏고 열두 줄〉) 하면서 옛 사람들의 술을 곁들인 풍류도 유추해 본다. 한림翰林은 조선시대 예문관藝文館 검열 檢閱의 별칭이지만 아래 시에서의 '한림'은 〈한림별곡〉의 한림 같다. 벼슬에서 물러난 문인들이 풍류적이며 향락적인 생활감정을 현실도피적으로 읊은 노래인 〈한림별곡〉을 시인은 제주도에 가서 부르고 있다.

제주 한림 앞 바다를 안주로
술을 마신다

자리돔 안주에
덤으로 파도 소리 내온다

바닷속 헤매던

어릴 적 꿈
이미 사라지고 없는데

바다를 내려다보며
바다를 그리고 있다

술잔 위
파도의 물거품 하얗게 밀려오고
저만치 멀어져 간다

—〈한림 바다 안주〉 전문

이 시는 사실 로맨티시즘의 극치다. 바닷바람을 맞으며 술을 마시면 잘 취하지도 않는다. 바다가 술집이고 술집의 식탁이고 술이다. 취하면 몸과 마음이 다 붕붕 떠 바다 위를 날 수도 있을 것이다. 하얀 포말을 일으키는 바다의 파도와 술잔과 안주의 조화가 멋진 술상을 차렸다. 그런데 이 시집의 시편 가운데 가장 크게 감동한 시는 아래 작품이다. 우선 전문을 소개한다.

일에 싫증이 나자 황소는
멍에를 걷어차고 주인을 들이받았다
아버지 오른쪽 턱
상처가 크고 깊었다
함께 살던 젊은 황소 꽁꽁 묶여

도살장으로 끌려가는 길
젊은 황소
늙은 아버지 오랫동안 함께 울었다

아버지 퇴원하는 안성 장날
우시장에서 새로 사 온 소
목주름에 자글자글 겁이 가득 찬
아버지 또래 암소였다

가을걷이가 바쁜 들녘에서
힘이 들면 주인 꼬드겨
미루나무 그늘에서 아버지와 술을 마셨다
그렇게
쉬엄쉬엄 또 함께 살았다

— 〈아버지 또래 암소〉 전문

일을 많이 시킨다고 화가 난 것인가. 집에서 키우던 황소가 아버지를 들이받았다. 오른쪽 턱에 난 상처가 크고 깊었다고 한다. 주인을 그렇게 한 황소를 계속 데리고 키울 수 없다는 생각에 아버지는 도살장에다 팔고 말았다. 젊은 황소와 늙은 아버지가 오랫동안 함께 울었다는 표현이 가슴을 후벼 판다. 아버지는 퇴원하고 오면서 안성 장에 가서 아버지 또래의 늙은 암소를 사 왔다. 같이 늙어가는 사람과 소, 사람이 술을 마실 때 그 암소는 사람한테서 따뜻한 정이나 교감을 느꼈을 것이다.

제3부 9편의 시는 특이하게 일종의 여행시다. 류규형 시인은 오륙도에서 고성까지 동해 1,900리 길을 도보로 주파한다. 남에서 북으로, 분단된 조국의 등판을 걷고 또 걷는다.

> 해변의 주인 잃은 의자에 앉아 보고
> 주인 없는 백사장에 앉아
> 연엽주 한 잔 마시며
> 소금기 좋아하는
> 갯방풍을 가까이서 바라보는 일이다
>
> 오륙도에서 고성까지 동해 1900리 길
> 걸어온 길 아득하고
> 걸어갈 길 까마득해도
>
> 차가 다니는 길 다니지 못하는 길
> 자전거가 가는 길 가지 못하는 길을
> 천천히 가 보는 일이다
>
> ―〈해파랑길을 걷는다는 것은〉 부분

시에서는 '천천히' 가본다고 했지만 실제로는 부지런히 가본 것이리라. 특히 이 도보여행은 통일을 향한 시인의 갈망이 잘 나타나 있다. 휴전선이 없다면 계속 걸어갈 수 있는 길이 아닌가.

휴전선 가까운 명파리 바다가
더 파랗게 일렁이는 이유는
하루 종일
가로막고 선 철조망에 찔려
멍이 들었기 때문이다

삼백예순 닷새
가로막고 있는 파도
녹이 슨 철조망
그들 사이 소통은 문 밖에 있다

막고 있는 것은
파도와 철조망이 아니다

오랜 침묵
오래된 벽

내 가슴에 쳐 놓은 커다란 철조망

—〈빗장〉 부분

두 개의 철조망이 나온다. 휴전선의 철망과 내 가슴에 높게 쳐 놓은 철조망이 그렇다. "전선 가까운 명파리 바다가 더 파랗게 일렁이는 이유"가 "하루 종일/ 가로막고 선 철조망에 찔려/ 멍이 들었기 때문"은 분단 상황에 대한 시인의 고뇌가 잘 투영되어 있는 구절이다. 말이 1,900리지, 얼마나 험로였을까? 긴 여행 중에 졸음, 갈증, 부르튼 발, 불편한 잠자리, 매 끼니 식사와 화장실 사용……. 대단한 강행군이었으리라.

종일 북으로 북으로 달려왔다
가까운 동해의 파도 소리도 들리지 않는다

한때
북으로 가는 육로 관광의 길목
사람 냄새가 풀풀 날리던
금강산 관광이 꿈처럼 지나간 길에
찬바람만 인다

— 〈7번 국도 최북단 터미널〉 부분

내일 사천진까지 38킬로미터 북진하려면
자야 한다면서
잠과의 전투대형에서 벗어난다

조건 없는 손을 든 모습에
청량리부터 첨병으로 나서던
하현달이 까르르 웃는다

— 〈작전명령 17호〉 부분

흡사 국군이 행군하는 것을 방불케 하는 장면도 있고, 행군 도중의 휴식도 감지된다. 류규형 시인이 왜 이런 고생을 사서 했을까? 거기에 대한 해답은 바로 다음 시에 나와 있다.

부산에서 시작하여 고성까지
해파랑길 770킬로미터를 걸어
철조망 밖 명파리 바다를 바라보고
고성 통일전망대에 올라

함흥을 지나 청진
나진까지 걸어가는 모습을
가슴 깊은 곳에 잠시
눌러 앉히는 일이다

—〈떨림에 대하여〉 부분

자신의 몸은 고달프지만 한반도의 남쪽을 도보로 주파한 성취감을 느끼고 싶었던 것이다. 사람들은 무리를 지어 국토 순례를 하는데 혼자서 했다는 것이 놀랍다.

제4부의 시편은 대체로 음식에 대한 것이 많다. 우리는 어린 시절에 먹었던 것에 대해 아련한 향수를 갖게 된다. 그 시절에는 다들 가난하여 먹을거리가 별게 없었지만 허기를 채워 주던 모든 것이 지금 생각하면 웰빙 음식이었다.

멍석 위에 호롱불 하나
두레반 하나
여덟 식구가 동그라미 그린다
숟가락 들지 않고 밥투정 하는 아이
- 배지가 고프지 않아서 그래
아비의 야윈 목울대가 떨린다

설거지 마친 누나
뒤란 장독대에서 쫓겨난 동생에게
아버지 몰래
건네주는 찬밥 한 덩어리

—〈무죽 한 그릇〉 부분

무죽이란 것이 맛있을 턱이 없다. 허구한 날 같은 음식을 먹어야 하는 것도 아이로서는 짜증 날 수 있는 일이다. 밥투정을 하자 아버지가 "배지가 고프지 않아서 그래"라고 퉁명스럽게 말한다. 그런데 설거지를 마친 누나가 찬밥 한 덩어리를 줌으로써 누나의 따뜻한 품성도 느낄 수 있지만 당시의 가족 간 유대와 한 집안의 분위기도 알 수 있다. 시인은 닭둥우리 속의 밑알에 대한 추억을 떠올리기도 하고(〈밑알〉), "부뚜막에 올라 고봉밥 푸고/ 둥그렇게 등이 휜 누룽지"(《등 굽은 흔적》)에 대한 그리움을 표하기도 한다. 음식이 나오는 시가 여러 편 있지만 대표작을 한 편 거론해 보고자 한다.

엄마의 밥사발에는
언제 보아도
쌀알 하나 보이지 않는
반 사발 남짓한 주걱 마무리 밥이다

엄마는
열나절 동안 씹으며
그 양을 늘려 드셨다

불리는 보리쌀에 엄마 몰래
두 줌의
보리쌀을 더 넣었다

오늘은 왜 밥이 많지?
중얼거리던 엄마
자식들 밥사발에 밥을 더 얹었다

—〈주걱 마무리 밥〉 전문

시 자체는 다소 평이하지만 그 안에 흐르는 주제의식은 우리를 가슴 아프게 한다. 허기를 물로 채우던 시절, 보리쌀밥이라도 배불리 먹을 수 있으면 좋으련만, 절미節米가 아니라 절보리를 해야 한다. 더 많이 먹고 싶은 생각에 보리쌀을 두 줌 더 넣은 아이의 마음이 십분 이해가 된다. 그거라도 더 먹고 싶었던 것이다. 가난은 "풋보리 바심하며/ 보릿고개 넘으며/ 밭 한 귀퉁이 베고 죽겠다고/ 다짐하고 또 했지만/ 자식 여섯 키우며/ 말라 버린 자궁"(〈망종芒種〉)을 보면 여실히 나타나 있다. 시인은 누이동생이 냇물에 빠져 죽을 뻔했던 일을 추억해 내기도 하고(〈누이 생각〉), 성요셉 요양병원 209호실에서 생의 마지막 나날을 보낸 어머니를 떠올리기도 한다(〈마른 늪〉)이다. 지금의 독자는 제목이 〈동상〉 이어도 "겨울이면 빨갛게 부어오른/ 아버지의 발/ 콩자루 속에 들어 있다"는 것을 이해하지 못할 것이다. 동상 치료에 콩이 사용된 것을 모르면 이해하기 어려운 시이다.

시집의 제5부와 제6부의 시는 직장생활 기간, 즉 생활인의 일상을 그린 시가 많다. 시가 아주 쉽고 정감어린 내용이라서 따로 해설을 붙일 필요는 느끼지 못하겠다. 다만 인간의 생로병사에 대한 천착이 심금을 울린다. 제5부에서 1편, 제6부에서 1편씩 골라 본다.

닷새 전
빈 소주병으로 바꾸어 온 막걸리
다 마시지 못하고
평상 위에 남겨 둔 다섯 병
양지바른 음택으로 가지고 왔네

태양계 행성에서 퇴출된 명왕성
맨 끝자리 올린 명부冥府
왕족처럼 떵떵거리며 살라고

오얏 꽃잎 하나 띄워
막걸리 한 잔 철철 넘치게 따라 주었네

— 〈꽃잎〉 후반부

다시, 술이다. 이번에는 술이 죽기 전에 마시는 술이다. 제사상에 올리는 술이다. 음복도 술로 하는 경우가 많다. 술은 우리에게 즐거움도 주지만 "여동생 다섯이 번갈아 짝으로 사 오는 소주"는 결국 오라비의 목숨을 빼앗는다. 그래서 술은 적당히 마시는 것이 좋다.

여자는 핏덩이를 윗목에 밀쳐놓았다
아이는 울지도
젖을 물지도 않았다

목련의 주먹이 봄을 움켜쥐고 왔다
쥐똥나무 샛눈 뜨고
두 귀 쫑긋 열어 두었다

아이는 응앙 울음을 터뜨렸다
사흘 만이다
양수 위를 떠다니던 세상이
봄비로 쏟아졌던 것이다

— 〈봄비〉 전문

이 시는 인간 목숨의 신비로움을 그리고 있다. 갓 태어난 핏덩이는 살 운명이었을까. 고고의 울음을 터뜨리지 않아서 죽었으리라 생각하고 윗목에 밀쳐놓았다는 것이다. 어미의 젖을 물지도 않고 가만히 있던 아이가 울음을 터뜨린 이유가 무엇인가. 빗소리가 아이의 울음을 유발한 것일까. "양수 위로 떠다니던 세상이/ 봄비로 쏟아졌던 것"이니, 자연의 신비요 생명의 신비다. 봄기운이 삼라만상을 살려놓았고 아기의 목숨까지 살려놓았다.

우리 인간은 유기체이다. 무엇이든 먹지 않고는 살아갈 수 없다. 그런데 의식주만 해결된다고 삶이 행복해지는 것이 아니다. 일찍이 인간은 술을 빚어 잔치를 벌였다. 동양의 제천의식과 서양의 디오니소스 제전에 빠지면 안 될 것이 술이었다. 과하지만 않으면 술은 우리 일상생활을 잘 굴러가게 하는 윤활유의 역할을 했다. 이화주를 빚는 한편으로 시를 열심히 써 이제 시에서도 일가를 이루게 되었다. 앞으로는 소설도 쓸 의욕을 보이고 있으니 조만간 소설을 읽는 기쁨을 누리게 될 것이다. 류규형 시인의 시세계가 이 시집을 계기로 무르익기 바란다.

계간문예시인선 166

류규형 _ 이화주 빚으며

초판 인쇄 2021년 6월 25일
초판 발행 2021년 7월 5일

지 은 이 류규형
회 장 서정환
발 행 인 정종명
편집주간 차윤옥

펴낸곳 도서출판 계간문예
편집부 03132 서울 종로구 삼일대로 30길 21 종로오피스텔 1209호
주소 03132 서울 종로구 삼일대로 32길 36 운현신화타워 305호
전화 02-3675-5633 팩스 02-766-4052
인쇄 54991 전북 전주시 완산구 공북1길 16, 신아출판사
이메일 munin5633@naver.com
등록 2005년 3월 9일 제300-2005-34호
ISBN 978-89-6554-241-4 04810
ISBN 978-89-6554-118-9 (세트)

값 10,000원
